Impressum
Verlag: BABADADA GmbH, Nedderfeld 112 , 22529 Hamburg
Geschäftsführer / Verlagsleitung: Harald Hof
Druck: Books on Demand GmbH, In de Tarpen 42, 22848 Norderstedt

Imprint
Publisher: BABADADA GmbH, Nedderfeld 112 , 22529 Hamburg, Germany
Managing Director / Publishing direction: Harald Hof
Print: Books on Demand GmbH, In de Tarpen 42, 22848 Norderstedt

école

escuela

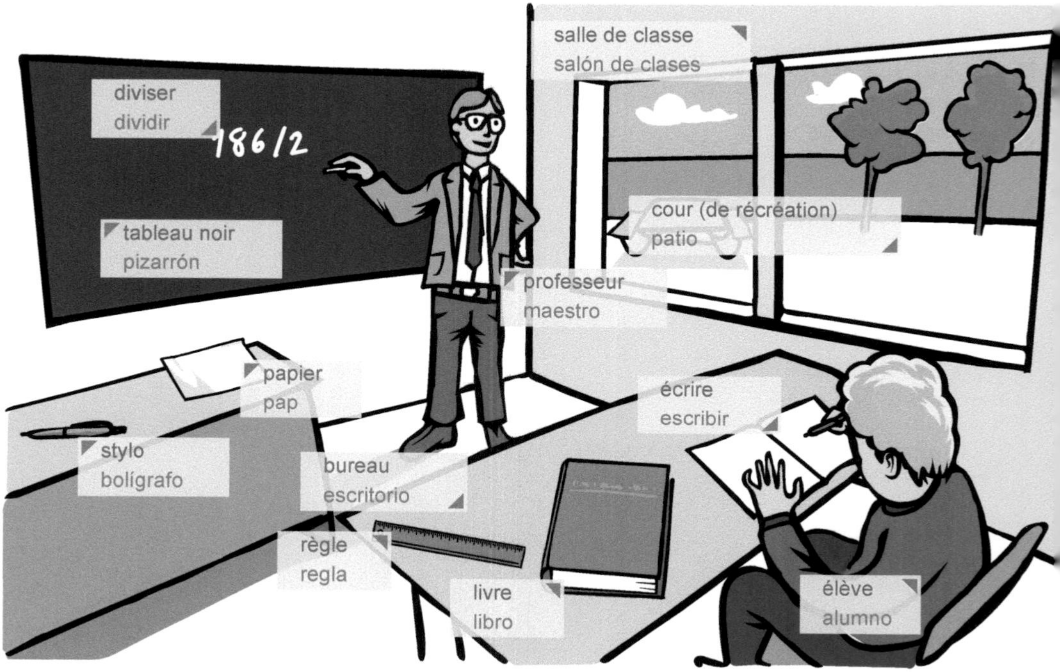
salle de classe
salón de clases
diviser
dividir
186/2
tableau noir
pizarrón
cour (de récréation)
patio
professeur
maestro
papier
pap
écrire
escribir
stylo
bolígrafo
bureau
escritorio
règle
regla
livre
libro
élève
alumno

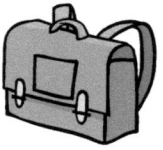

cartable

mochila

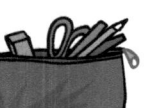

trousse

caja de lápices

crayon

lápiz

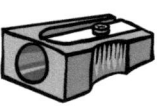

taille-crayon

sacapuntas

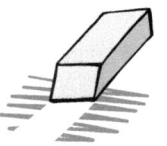

gomme

goma de borrar

carnet à dessin

bloc de dibujo

dessin

dibujo

pinceau

pincel

boîte de peinture

caja de lápices de color

ciseaux

tijeras

colle

pegamento

cahier d'exercices

libro de ejercicios

devoirs

tarea

chiffre

número

additionner

sumar

soustraire

restar

multiplier

multiplicar

calculer

calcular

lettre

letra

alphabet

alfabeto

mot

palabra

texte
texto

lire
leer

craie
tiza

leçon
lección

livre de classe
cuaderno de clase

examen
examen

certificat
certificado

uniforme scolaire
uniforme

formation
educación

lexique
enciclopedia

université
universidad

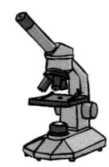

microscope
microscopio

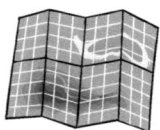

carte
mapa

corbeille à papier
bote de basura

voyage
viaje

hôtel
hotel
Grand
auberge
hostel
ROOMS
bureau de change
casa de cambio
valise
maleta
voiture
carro

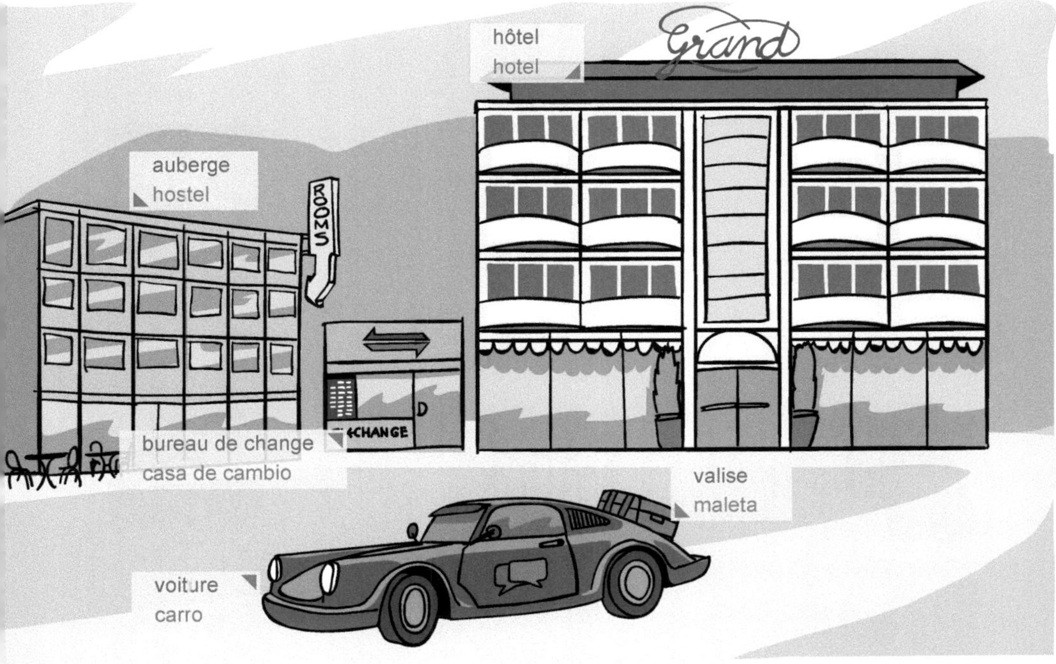

langue

idioma

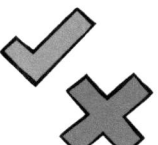

oui / non

sí / no

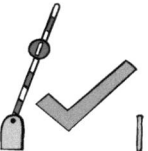

d'accord

Órale

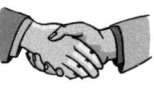

Salut

hola

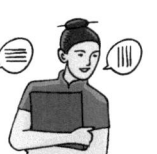

interprète

traductor

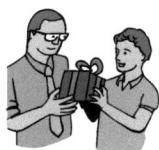

merci

Gracias

Combien coûte...?
¿cuánto cuesta...?

Je ne comprends pas
No entiendo

problème
problema

Bonsoir !
¡Buenas tardes!

Bonjour !
¡Buenos días!

Bonne nuit !
¡Buenas noches!

Au revoir
adiós

direction
dirección

bagages
equipaje

sac
bolsa

sac-à-dos
mochila

hôte
invitado

pièce
recámara

sac de couchage
bolsa de dormir

tente
tienda de campaña

office de tourisme

información turística

plage

playa

carte de crédit

tarjeta de crédito

petit-déjeuner

desayuno

déjeuner

almuerzo

dîner

cena

billet

billete

ascenseur

ascensor

timbre

sello

frontière

frontera

douane

aduana

ambassade

embajada

visa

visa

passeport

pasaporte

transport
transporte

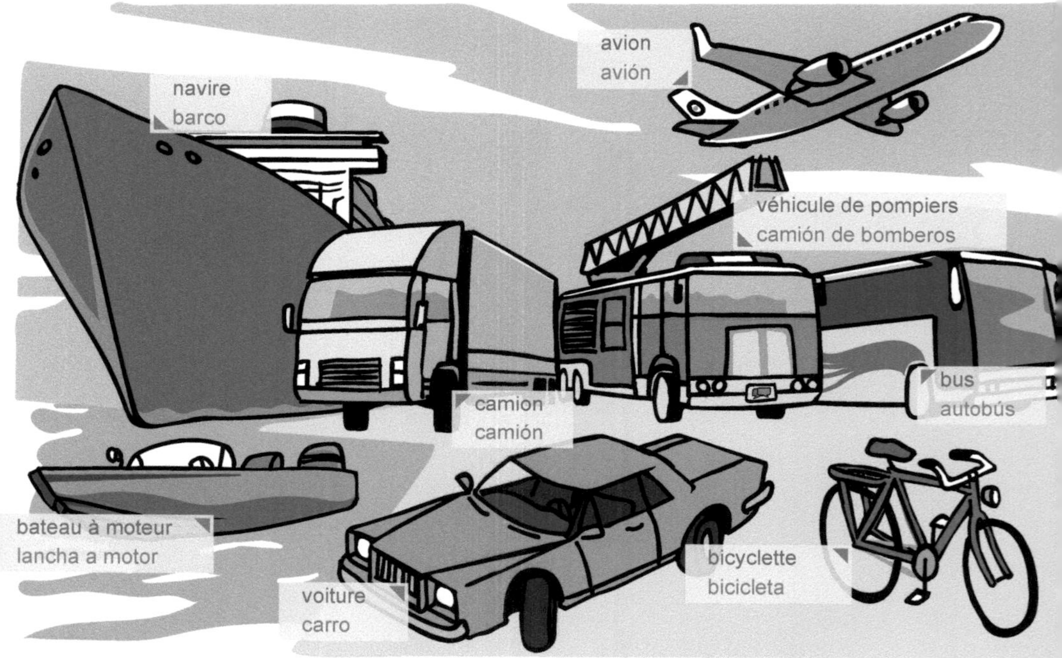

avion
avión

navire
barco

véhicule de pompiers
camión de bomberos

bus
autobús

camion
camión

bateau à moteur
lancha a motor

bicyclette
bicicleta

voiture
carro

ferry
ferry

barque
bote

moto
motocicleta

voiture de police
patrulla

voiture de course
coche de carreras

voiture de location
auto para rentar

auto-partage

renta de autos

voiture de remorquage

grúa

benne à ordures

camión recolector de basura

moteur

motor

essence

gasolina

station d'essence

gasolinera

panneau indicateur

señal de tráfico

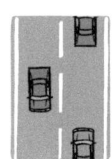

trafic

tránsito

embouteillage

embotellamiento

parking

aparcamiento

gare

estación de tren

rails

vías

train

tren

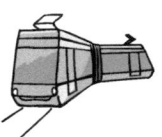

tramway

tranvía

wagon

vagón

hélicoptère

helicóptero

aéroport

aeropuerto

tour

torre

passager

pasajero

conteneur

contenedor

carton

caja de cartón

chariot

carretilla

corbeille

cesta

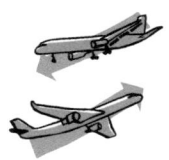

décoller / atterrir

despegar / aterrizar

ville
ciudad

village

pueblo

centre-ville

centro de ciudad

maison

casa

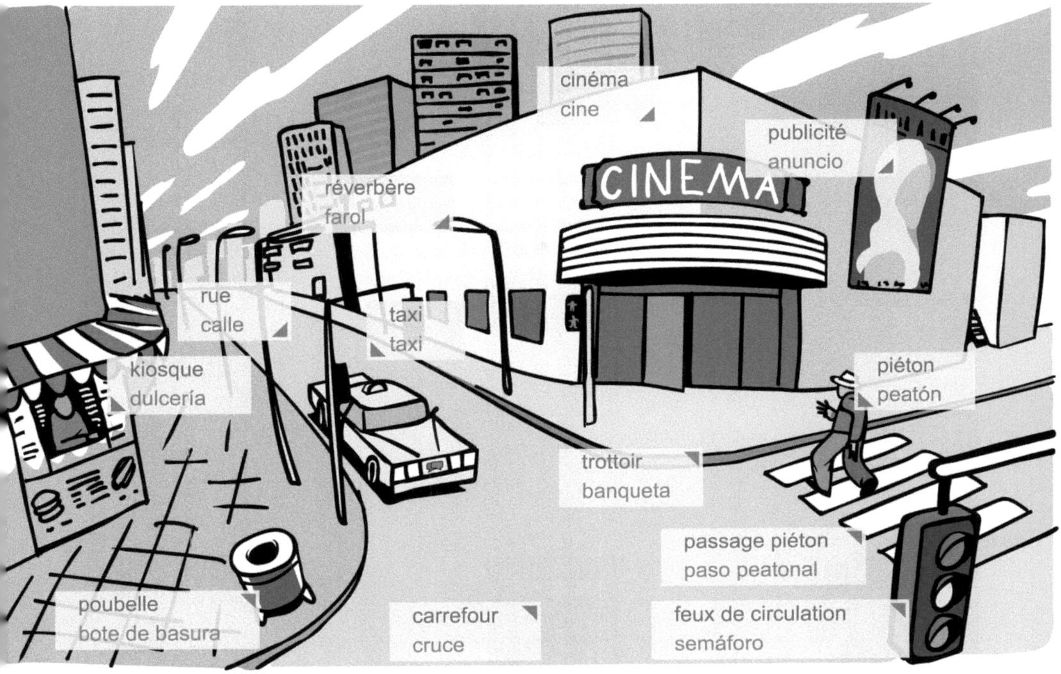

cinéma
cine

publicité
anuncio

réverbère
farol

rue
calle

taxi
taxi

kiosque
dulcería

piéton
peatón

trottoir
banqueta

passage piéton
paso peatonal

poubelle
bote de basura

carrefour
cruce

feux de circulation
semáforo

cabane
cabaña

appartement
apartamento

gare
estación de tren

mairie
ayuntamiento

musée
museo

école
escuela

ville - ciudad

11

université

universidad

banque

banco

hôpital

hospital

hôtel

hotel

pharmacie

farmacia

bureau

oficina

librairie

librería

magasin

tienda

fleuriste

florería

supermarché

supermercado

marché

mercado

grand magasin

grandes tiendas

poissonnerie

pescadería

centre commercial

centro comercial

port

puerto

ville - ciudad

parc

parque

banque

banco

pont

puente

escaliers

escaleras

métro

metro

tunnel

túnel

arrêt de bus

parada de autobús

bar

bar

restaurant

restaurante

boîte à lettres

buzón

panneau indicateur

letrero

parcmètre

parquímetro

zoo

zoológico

piscine

alberca

mosquée

mezquita

ferme
granja

pollution
contaminación

cimetière
cementerio

église
iglesia

aire de jeux
área de niños

temple
templo

paysage
paisaje

feuille
hoja

panneau indicateur
señal

chemin
camino

pré
pradera

pierre
piedra

randonneur
caminante

arbre
árbol

rivière
río

herbe
pasto

fleur
flor

vallée
valle

montagne
montaña

lac
lago

forêt
bosque

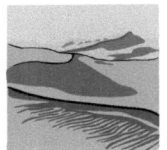

désert
desierto

volcan
volcán

château
castillo

arc-en-ciel
arco iris

champignon
champiñón

palmier
palmera

moustique
mosquito

mouche
mosca

fourmis
hormiga

abeille
abeja

araignée
araña

paysage - paisaje

15

coléoptère

escarabajo

grenouille

rana

écureuil

ardilla

hérisson

erizo

lièvre

liebre

chouette

lechuza

oiseau

pájaro

cygne

cisne

sanglier

jabalí

cerf

ciervo

élan

alce

barrage

embalse

éolienne

turbina eólica

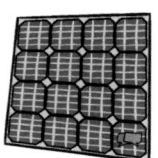

panneau solaire

pansolar

climat

clima

restaurant
restaurante

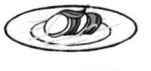

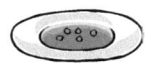

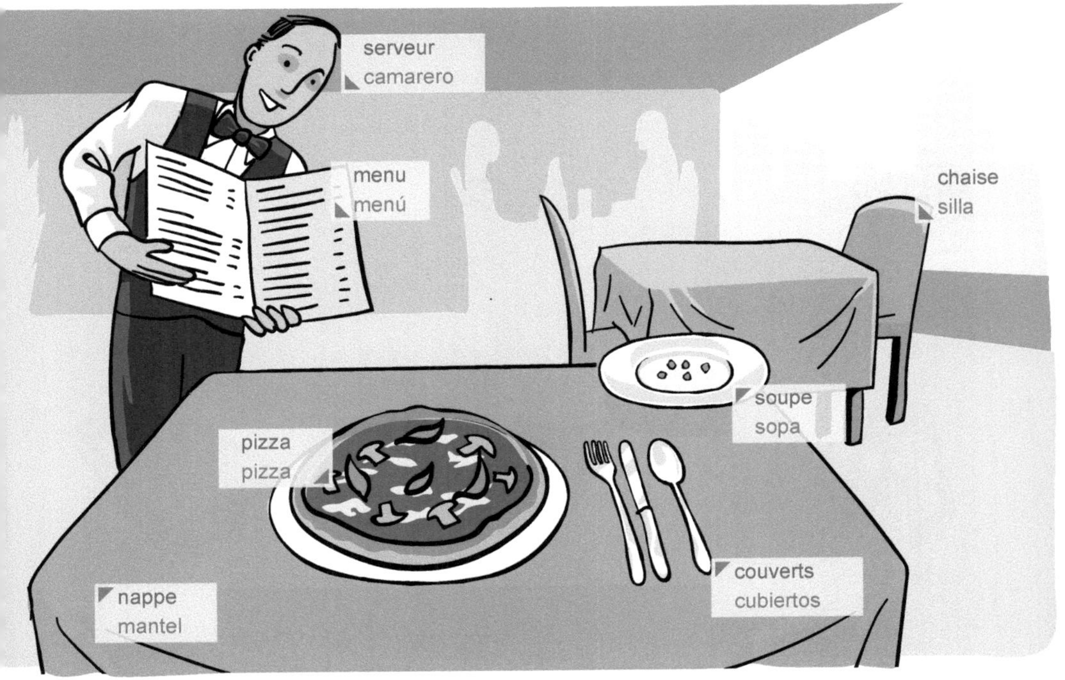
serveur
camarero
menu
menú
chaise
silla
soupe
sopa
pizza
pizza
couverts
cubiertos
nappe
mantel

hors d'œuvre

entrada

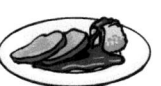

plat principal

plato fuerte

dessert

postre

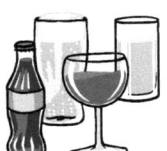

boissons

bebidas

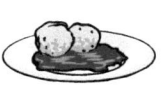

alimentation

comida

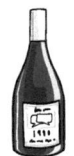

bouteille

botella

fast-food

comida rápida

plats à emporter

comida de calle

théière

tetera

sucrier

azucarera

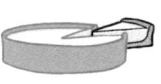

portion

porción

machine à expresso

cafetera espresso

chaise haute

periquera

facture

cuenta

plateau

charola

couteau

cuchillo

fourchette

tenedor

cuillère

cuchara

cuillère à thé

cuchara de té

serviette

servilleta

verre

vaso

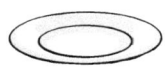

assiette

plato

assiette à soupe

plato hondo

soucoupe

plato

sauce

salsa

salière

salero

moulin à poivre

molino para pimienta

vinaigre

vinagre

huile

aceite

épices

especias

ketchup

kétchup

moutarde

mostaza

mayonnaise

mayonesa

supermarché
supermercado

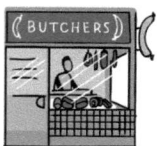

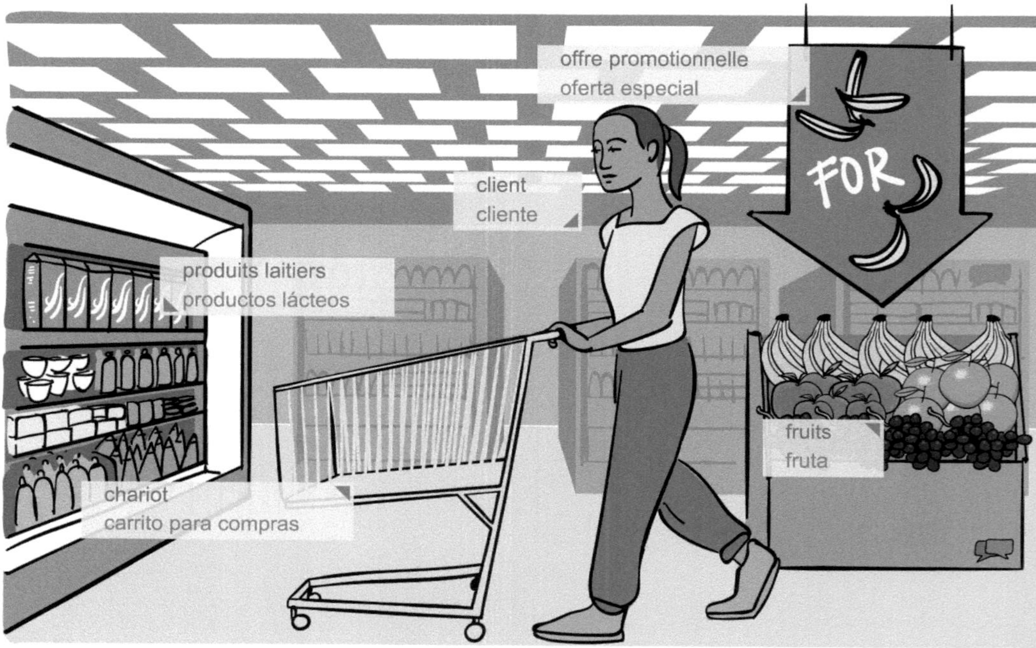
offre promotionnelle
oferta especial
FOR
client
cliente
produits laitiers
productos lácteos
fruits
fruta
chariot
carrito para compras

BUTCHERS
boucherie

carnicería

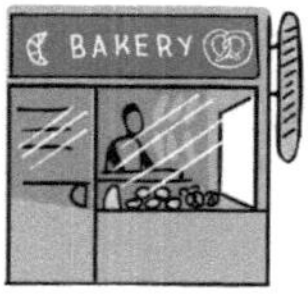
BAKERY
boulangerie

panadería

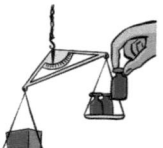

peser

pesar

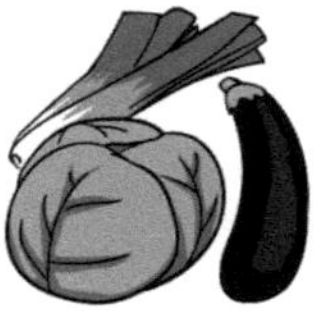
légumes

vegetales

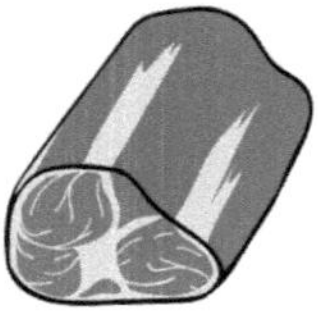
viande

carne

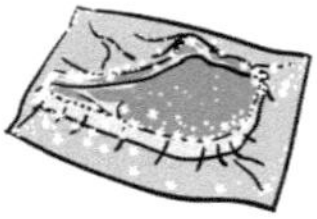
aliments surgelés

alimentos congelados

charcuterie

carnes frías

conserves

alimentos enlatados

poudre à lessive

detergente en polvo

bonbons

dulces

articles ménagers

electrodomésticos

détergents

productos de limpieza

vendeuse

vendedora

caisse

caja

caissier

cajero

liste d'achats

lista de compras

heures d'ouverture

horario de atención al
público

portefeuille

cartera

carte de crédit

tarjeta de crédito

sac

bolsa

sac en plastique

bolsa de plástico

eau

agua

jus de fruit

jugo

lait

leche

coca

refresco de cola

vin

vino

bière

cerveza

alcool

alcohol

chocolat chaud

cacao

thé

té

café

café

expresso

espresso

cappuccino

cappuccino

banane

plátano

pomme

manzana

orange

naranja

melon

melón

citron

limón

carotte

zanahoria

ail

ajo

bambou

bambú

oignon

cebolla

champignon

champiñón

noisettes

nueces

pâtes

fideos

spaghetti

espaguetis

riz

arroz

salade

ensalada

pommes frites

patatas fritas

pommes de terre rôties

patatas fritas

pizza

pizza

hamburger

hamburguesa

sandwich

emparedado

escalope

filete

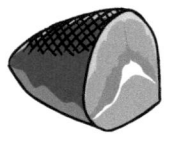

jambon

jamón

salami

salami

saucisse

salchicha

poulet

pollo

rôti

asado

poisson

pescado

flocons d'avoine

copos de avena

muesli

muesli

cornflakes

copos de maíz

farine

harina

croissant

cuernito

petits-pains

bolillo

pain

pan

pain grillé

tostada

biscuits

galletas

beurre

mantequilla

le fromage blanc

cuajada

gâteau

pastel

œuf

huevo

œuf au plat

huevo frito

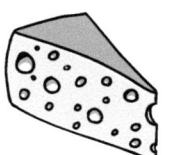

fromage

queso

glace

helado

sucre

azúcar

miel

miel

confiture

mermelada

crème nougat

crema de chocolate

curry

curry

ferme
granja

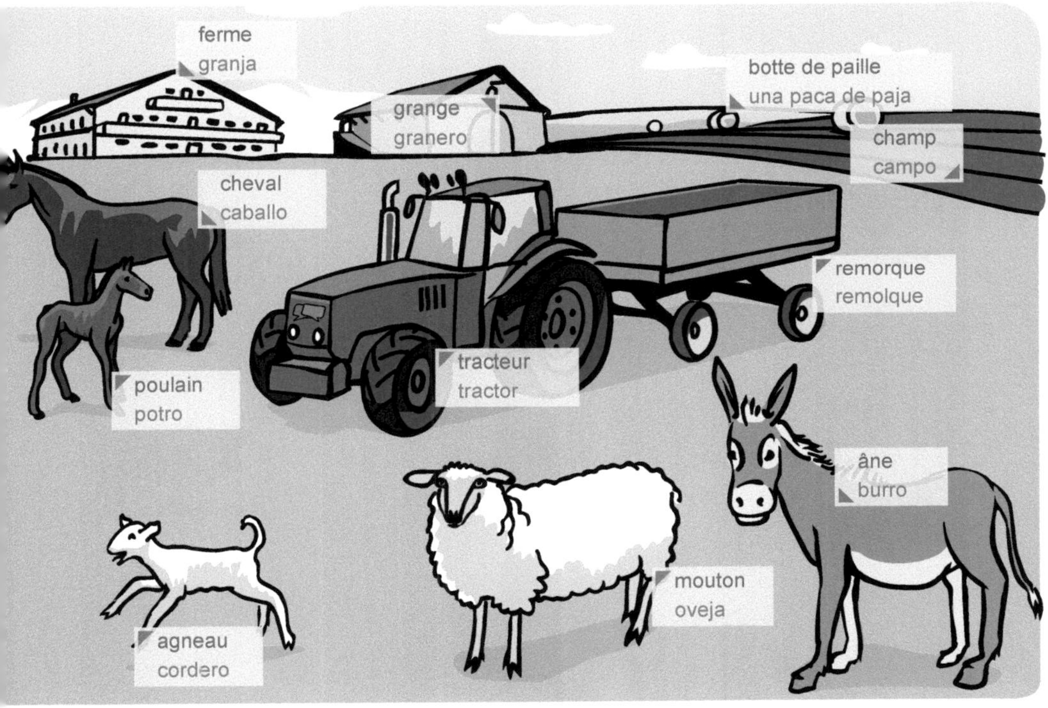
ferme
granja
botte de paille
una paca de paja
grange
granero
champ
campo
cheval
caballo
remorque
remolque
tracteur
tractor
poulain
potro
âne
burro
mouton
oveja
agneau
cordero

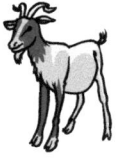

chèvre

cabra

vache

vaca

veau

ternero

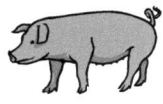

porc

cerdo

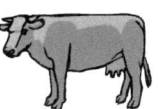

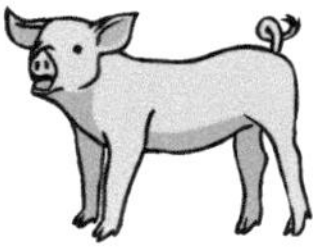

porcelet

lechón

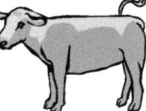

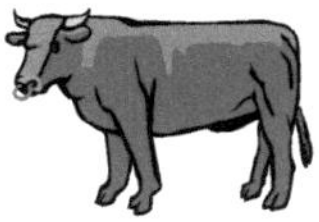

taureau

toro

oie

ganso

canard

pato

poussin

pollo

poule

gallina

coq

gallo

rat

rata

chat

gato

souris

ratón

bœuf

buey

chien

perro

chenil

casa dperro

tuyau de jardin

manguera

arrosoir

regadera

faucheuse

guadaña

charrue

arado

ferme - granja

faucille
hoz

pioche
azadón

fourche
horquilla

hache
hacha

brouette
carretilla

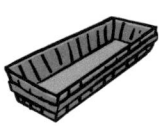

cuve
bebedero

pot à lait
bote de leche

sac
saco

clôture
valla

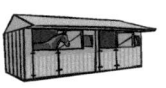

étable
establo

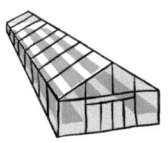

serre
invernadero

sol
suelo

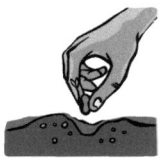

semences
semilla

engrais
fertilizador

moissonneuse-batteuse
cosechadora

ferme - granja

récolter

cosechar

récolte

cosecha

igname

camote

blé

trigo

soja

soja

pomme de terre

patata

maïs

maíz

colza

semilde colza

arbre fruitier

árbol frutal

manioc

mandioca

céréales

cereales

maison
casa

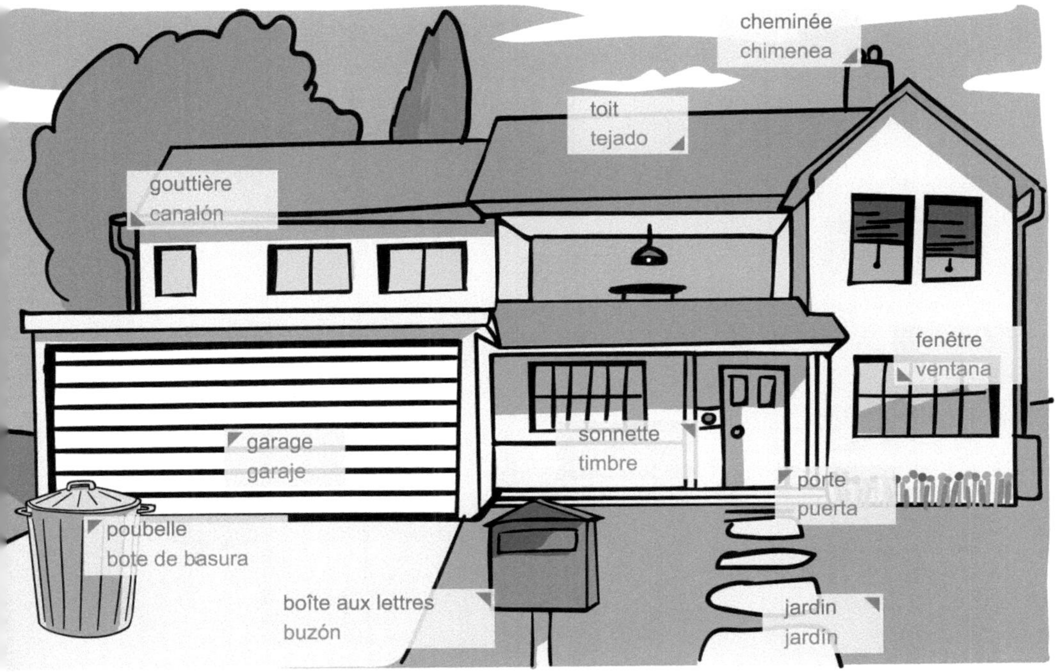
cheminée
chimenea
toit
tejado
gouttière
canalón
fenêtre
ventana
sonnette
timbre
garage
garaje
porte
puerta
poubelle
bote de basura
boîte aux lettres
buzón
jardin
jardín

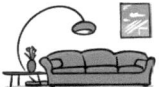

salon

estancia

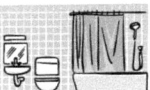

salle de bain

baño

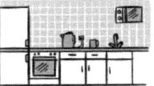

cuisine

cocina

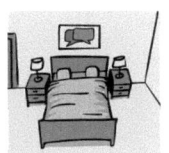

chambre à coucher

recámara

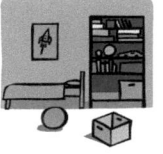

chambre d'enfant

recámara de los niños

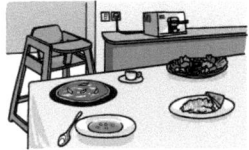

salle à manger

comedor

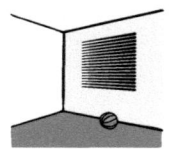

sol
suelo

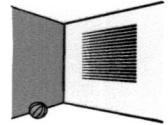

mur
pared

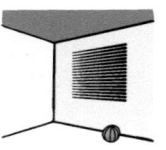

plafond
techo

cave
sótano

sauna
sauna

balcon
balcón

terrasse
terraza

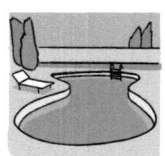

piscine
alberca

tondeuse à gazon
cortacésped

housse
sábana

couette
colcha

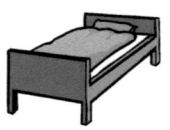

lit
cama

balai
escoba

sceau
balde

interrupteur
interruptor

salon
estancia

papier peint
pappara empapelar
image
imagen
lampe
lámpara
étagère
estante
armoire
alacena
télé
televisión
cheminée
chimenea
fleur
flor
coussin
cojín
sofa
sofá
vase
florero
télécommande
control remoto

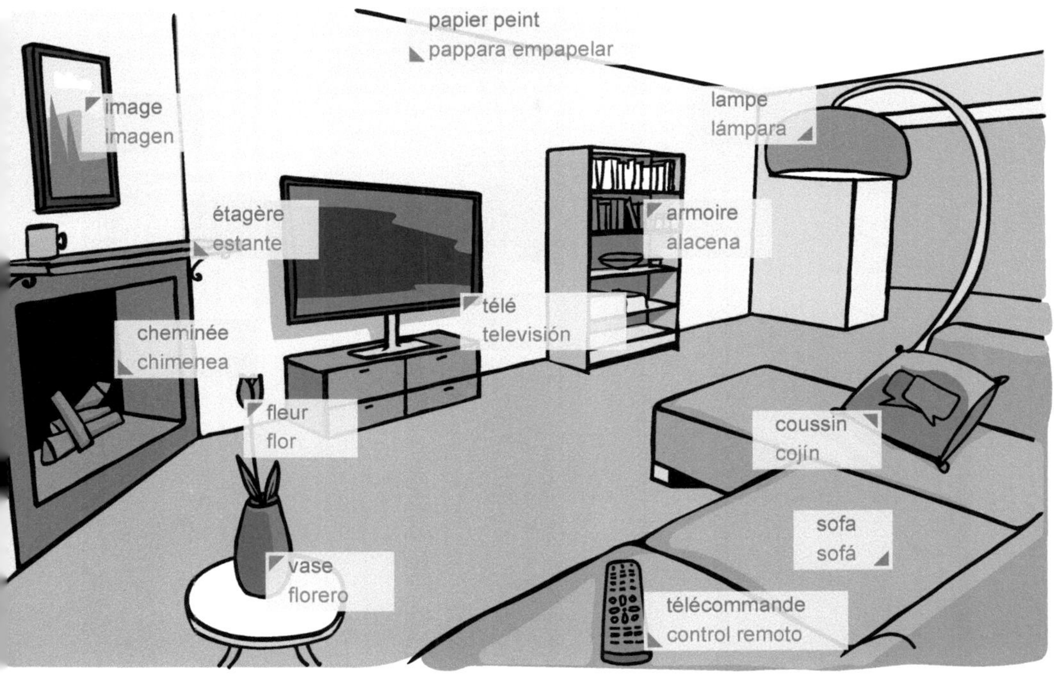

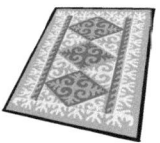

tapis
alfombra

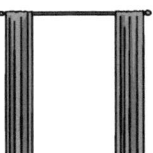

rideau
cortina

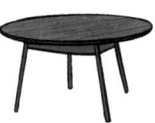

table
mesa

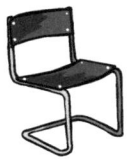

chaise
silla

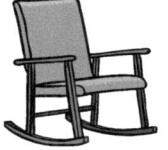

chaise à bascule
mecedora

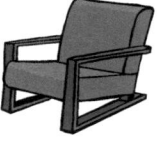

fauteuil
sillón

livre
libro

couverture
frazada

décoration
decoración

bois de chauffage
leña

film
película

chaîne hi-fi
equipo de música

clé
llave

journal
periódico

peinture
pintura

poster
póster

radio
radio

bloc-notes
cuaderno

aspirateur
aspiradora

cactus
cactus

bougie
vela

cuisine
cocina

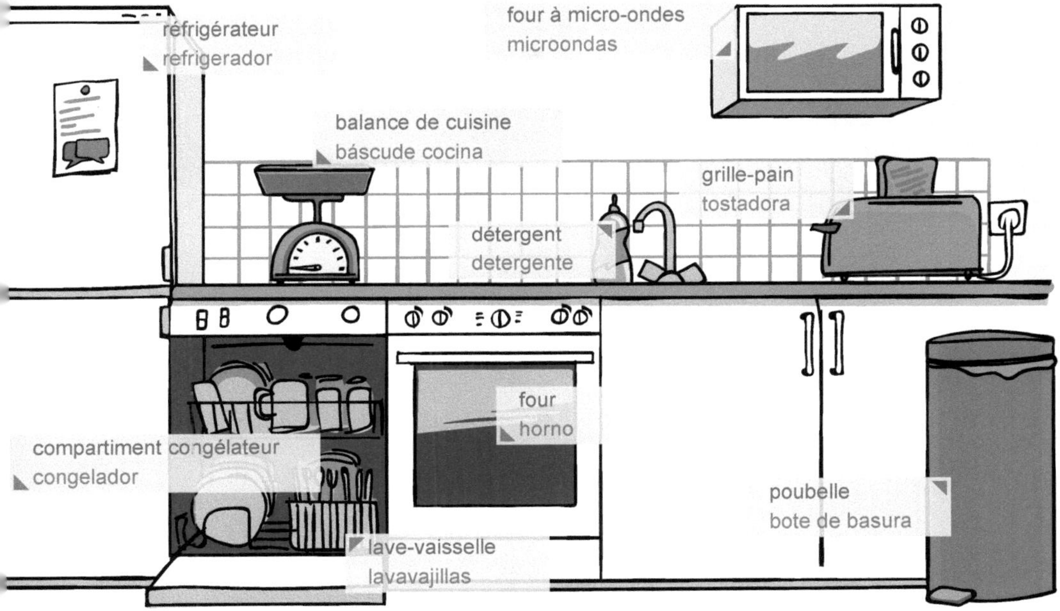

réfrigérateur
refrigerador
four à micro-ondes
microondas
balance de cuisine
báscude cocina
grille-pain
tostadora
détergent
detergente
four
horno
compartiment congélateur
congelador
poubelle
bote de basura
lave-vaisselle
lavavajillas

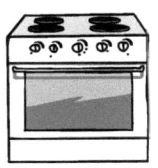

four

opresión

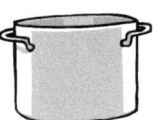

casserole

olla

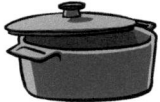

marmite

olde hierro fundido

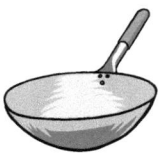

wok / kadai

wok

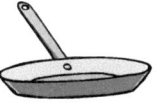

poêle

sartén

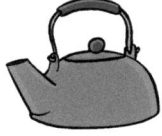

bouilloire electrique

hervidor

cuiseur vapeur

vaporera

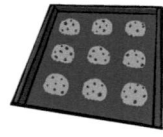

plaque de cuisson

charode horno

vaisselle

loza

gobelet

taza

coupe

bol

baguettes

palillos

louche

cucharón

spatule

espátula

fouet

batidora

passoire

colador

tamis

colador

râpe

rallador

mortier

mortero

barbecue

barbacoa

cheminée

fogata

planche à déccuper

tabpara picar

rouleau à pâtisserie

rodillo para amasar

tire-bouchon

sacacorchos

boîte

lata

ouvre-boîte

abrelatas

maniques

guante de cocina

lavabo

fregadero

brosse

cepillo

éponge

esponja

mixeur

batidora

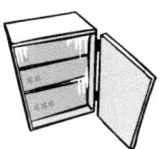

congélateur

congelador

biberon

biberón

robinet

llave

salle de bain
baño

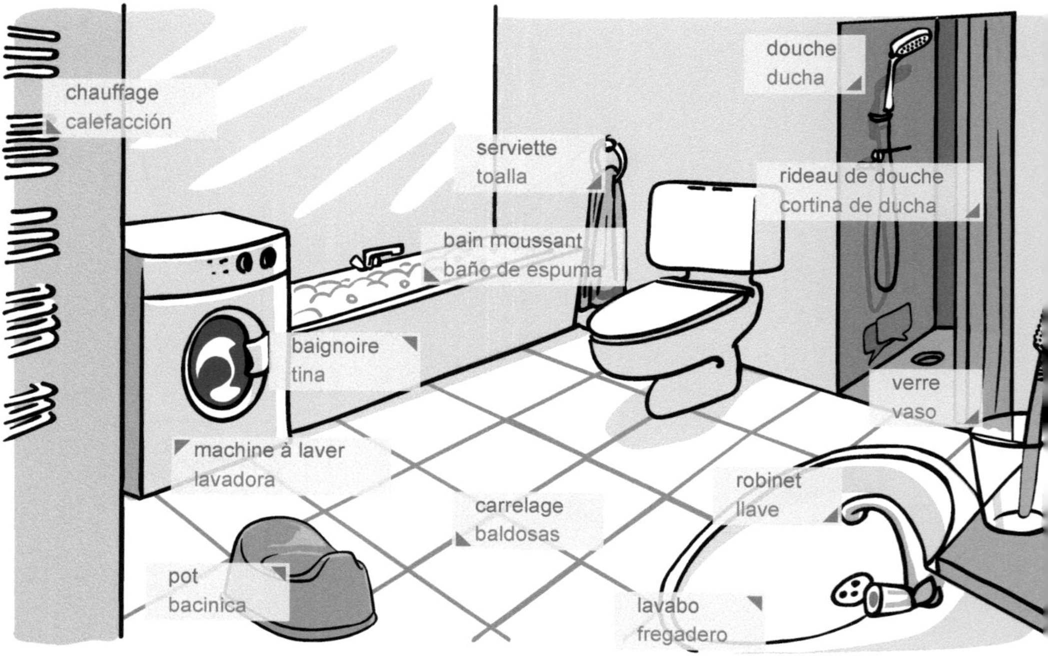

chauffage
calefacción
douche
ducha
serviette
toalla
rideau de douche
cortina de ducha
bain moussant
baño de espuma
baignoire
tina
verre
vaso
machine à laver
lavadora
robinet
llave
carrelage
baldosas
pot
bacinica
lavabo
fregadero

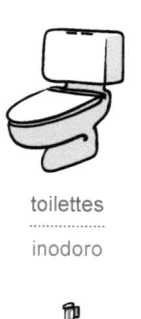

toilettes

inodoro

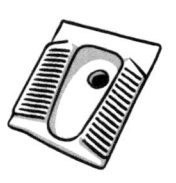

toilette à la turque

letrina

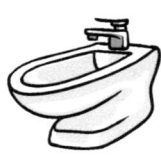

bidet

bidé

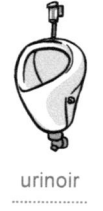

urinoir

mingitorio

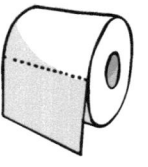

papier toilette

paphigiénico

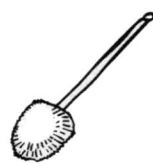

brosse à toilette

cepillo para baño

brosse à dents

cepillo de dientes

dentifrice

pasta dental

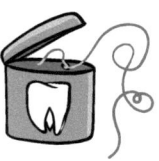

fil dentaire

hilo dental

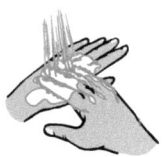

laver

lavar

douche manuelle

ducha de mano

douche intime

ducha vaginal

vasque

fregadero

brosse dorsale

cepillo de espalda

savon

jabón

gel douche

gde ducha

shampooing

champú

gant de toilette

toallita

écoulement

drenaje

crème

crema

déodorant

desodorante

miroir

espejo

miroir cosmétique

espejo de tocador

rasoir

máquina para afeitar

mousse à raser

espuma de afeitar

après-rasage

loción para después de afeitar

peigne

peine

brosse

cepillo

sèche-cheveux

secadora

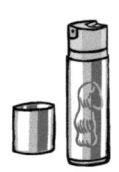

laque pour cheveux

laca

fond de teint

maquillaje

rouge à lèvres

lápiz labial

vernis à ongles

esmalte para uñas

ouate

algodón

coupe-ongles

tijeras para uñas

parfum

perfume

trousse de toilette

estuche para cosméticos

tabouret

taburete

pèse-personne

báscula

peignoir

bata

gants de nettoyage

guantes de goma

tampon

tampón

serviettes hygiéniques

toalsanitaria

toilette chimique

baño móvil

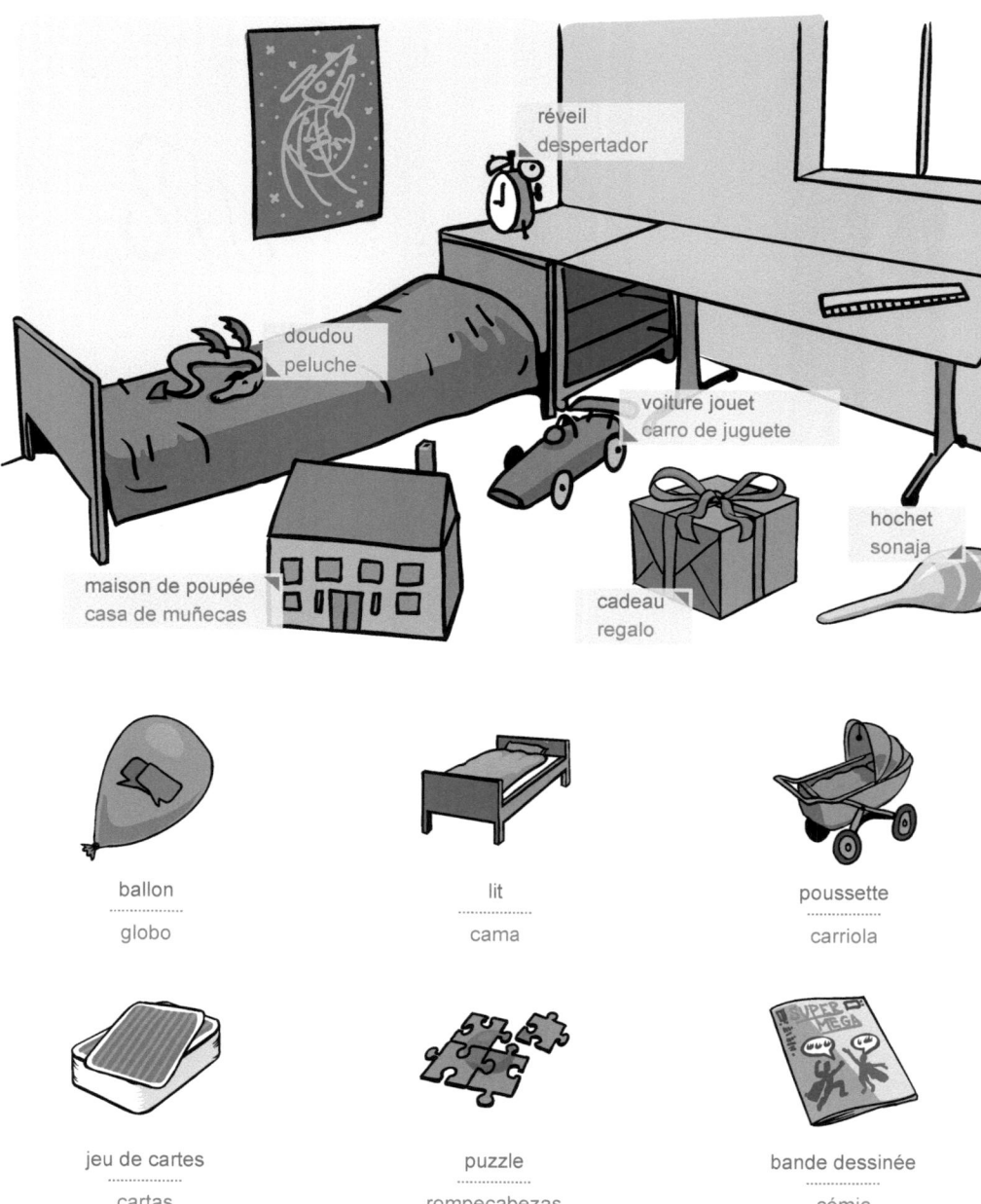

réveil
despertador

doudou
peluche

voiture jouet
carro de juguete

hochet
sonaja

maison de poupée
casa de muñecas

cadeau
regalo

ballon
globo

lit
cama

poussette
carriola

jeu de cartes
cartas

puzzle
rompecabezas

bande dessinée
cómic

pièces lego

piezas de lego

blocs de construction

bloques para jugar

figurine

figura de acción

grenouillère

mameluco

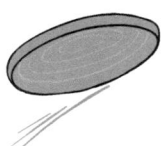

frisbee

frisbee

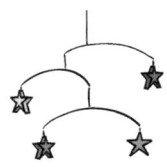

mobile

móvil para bebés

jeu de société

juego de mesa

dé

dados

train miniature

tren eléctrico

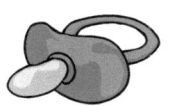

sucette

maniquí

fête

fiesta

livre d'images

álbum de fotos

balle

balón

poupée

muñeca

jouer

jugar

bac à sable

arenero

balançoire

columpio

jouets

juguetes

console de jeu

consode videojuegos

tricycle

triciclo

ours en peluche

oso de peluche

armoire

clóset

vêtements

ropa

chaussettes

calcetines

bas

pantimedias

collant

mallas

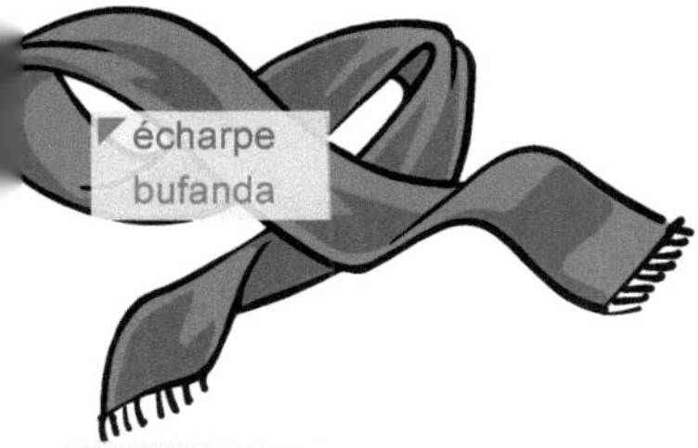

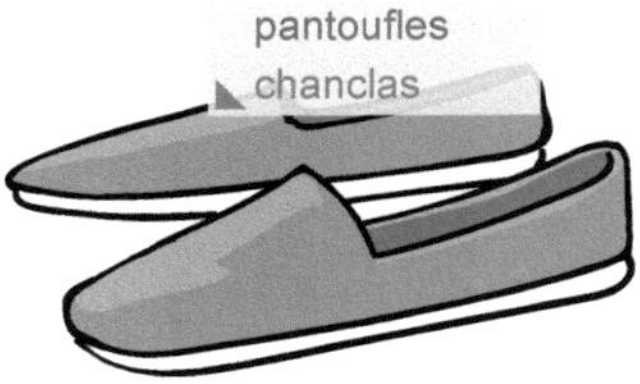

écharpe
bufanda

parapluie
paraguas

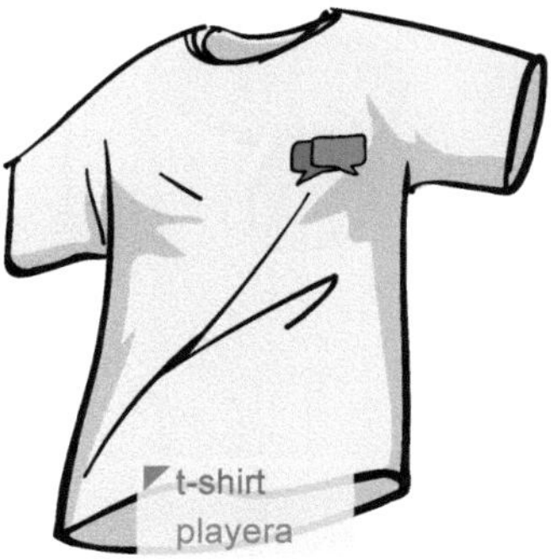

t-shirt
playera

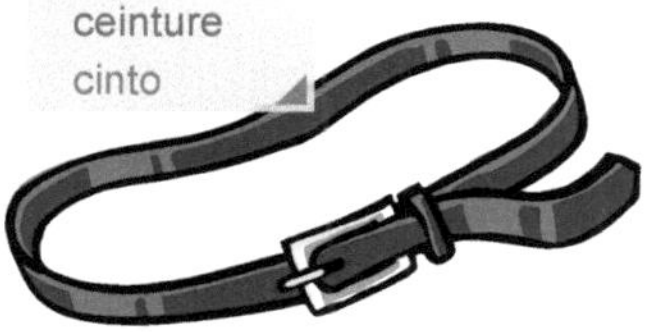

ceinture
cinto

bottes
botas

pantoufles
chanclas

baskets
tenis

sandales
....
sandalias

chaussures
....
zapatos

bottes de caoutchouc
....
botas de goma

sous-vêtements
....
ropa interior

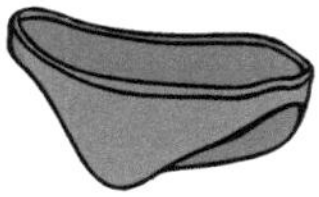

soutien-gorge
....
brasier

maillot de corps
....
chaleco

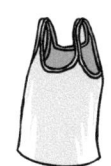

body
body

pantalon
pantalones

jean
pantalones de mezclilla

jupe
falda

chemisier
blusa

chemise
camisa

pull
suéter

sweat à capuche
sudadera

veste
saco sport

veste
chamarra

manteau
abrigo

imperméable
impermeable

costume
traje

robe
vestido

robe de mariée
vestido de novia

costume

traje

chemise de nuit

camisón

pyjama

pijama

sari

sari

foulard

pañuelo para cabeza

turban

turbante

burqa

burka

caftan

caftán

abaya

abaya

maillot de bain

traje de baño

maillot de bain

short de baño

short

shorts

tenue d'entraînement

pants

tablier

delantal

gants

guantes

bouton

botón

lunettes

gafas

bracelet

brazalete

collier

collar

bague

anillo

boucle d'oreille

arete

bonnet

gorra

cintre

gancho

chapeau

sombrero

cravate

corbata

fermeture éclair

cierre

casque

casco

bretelles

tirantes

uniforme scolaire

uniforme

uniforme

uniforme

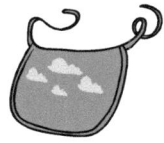

bavoir

babero

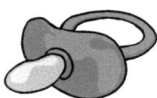

sucette

maniquí

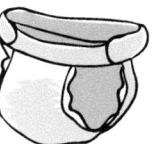

lange

pañal

bureau
oficina

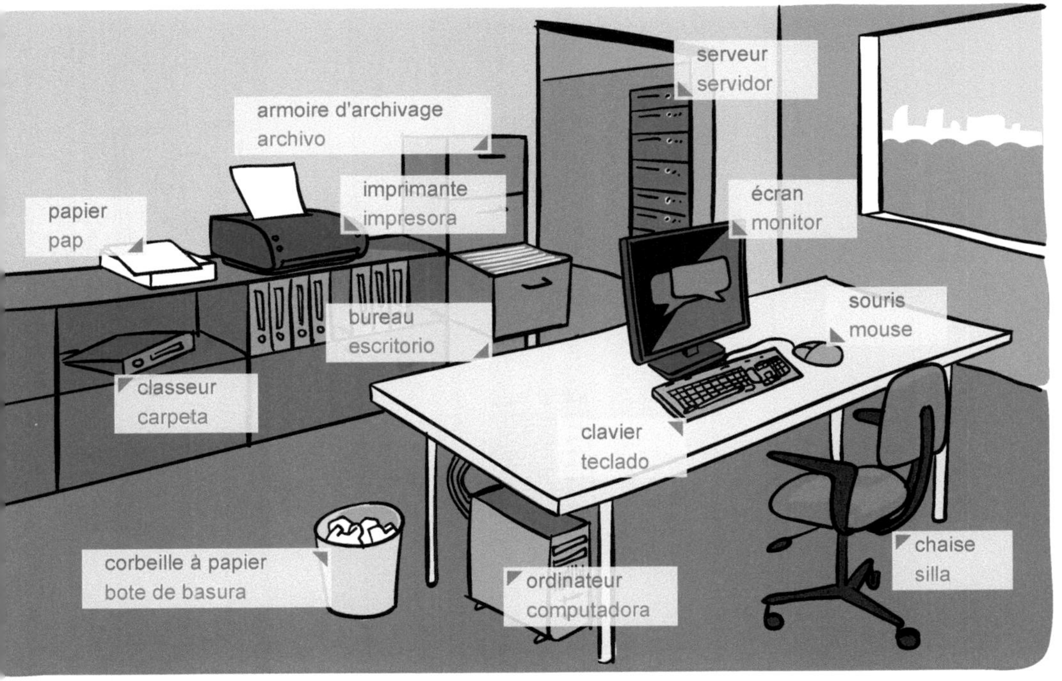
serveur
servidor
armoire d'archivage
archivo
imprimante
impresora
papier
pap
écran
monitor
souris
mouse
bureau
escritorio
classeur
carpeta
clavier
teclado
chaise
silla
corbeille à papier
bote de basura
ordinateur
computadora

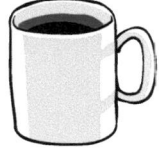

tasse de café

taza de café

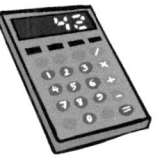

calculatrice

calculadora

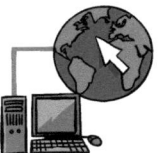

internet

internet

ordinateur portable

notebook

lettre

carta

message

mensaje

portable

móvil

réseau

red

photocopieuse

fotocopiadora

logiciel

software

téléphone

teléfono

prise

tomacorriente

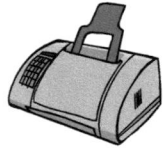

fax

fax

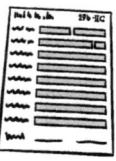

formulaire

formulario

document

documento

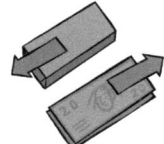

acheter
comprar

payer
pagar

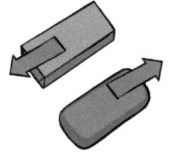

faire du commerce
hacer negocios

monnaie
dinero

dollar
dólar

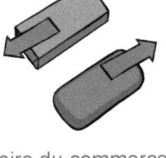

euro
euro

yen
yen

rouble
rublo

franc suisse
franco suizo

renminbi yuan
yuan

roupie
rupia

distributeur automatique
cajero automático

bureau de change

casa de cambio

or

oro

argent

plata

pétrole

petróleo

énergie

energía

prix

precio

contrat

contrato

taxe

impuesto

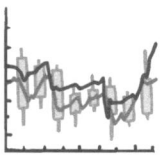

action

acción

travailler

trabajar

employé

empleado

employeur

empleador

usine

fábrica

magasin

tienda

professions
ocupaciones

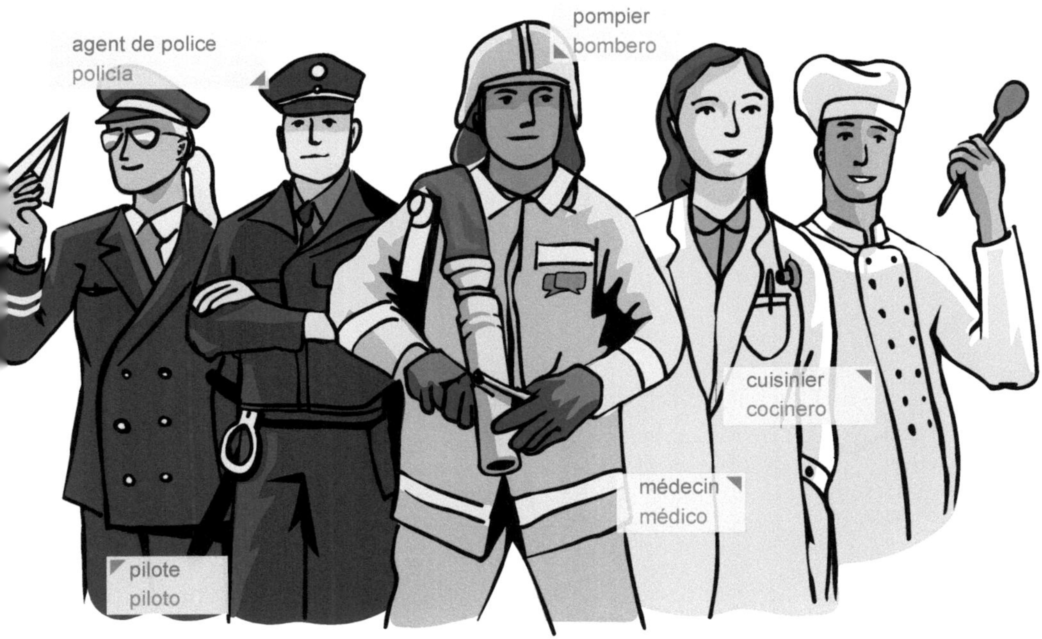

agent de police
policía
pompier
bombero
cuisinier
cocinero
médecin
médico
pilote
piloto

jardinier

jardinero

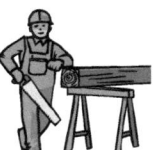

menuisier

carpintero

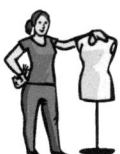

couturière

costurera

juge

juez

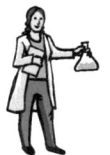

chimiste

farmacéutico

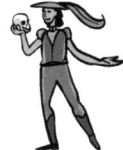

acteur

actor

conducteur de bus

conductor de autobús

chauffeur de taxi

taxista

pêcheur

pescador

femme de ménage

señora de limpieza

couvreur

instalador de techos

serveur

camarero

chasseur

cazador

peintre

pintor

boulanger

panadero

électricien

electricista

ouvrier

obrero

ingénieur

ingeniero

boucher

carnicero

plombier

plomero

facteur

cartero

soldat

soldado

architecte

arquitecto

caissier

cajero

fleuriste

florista

coiffeur

peluquero

contrôleur

cobrador

mécanicien

mecánico

capitaine

capitán

dentiste

dentista

scientifique

científico

rabbin

rabino

imam

imán

moine

monje

prêtre

sacerdote

professions - ocupaciones

outils
herramientas

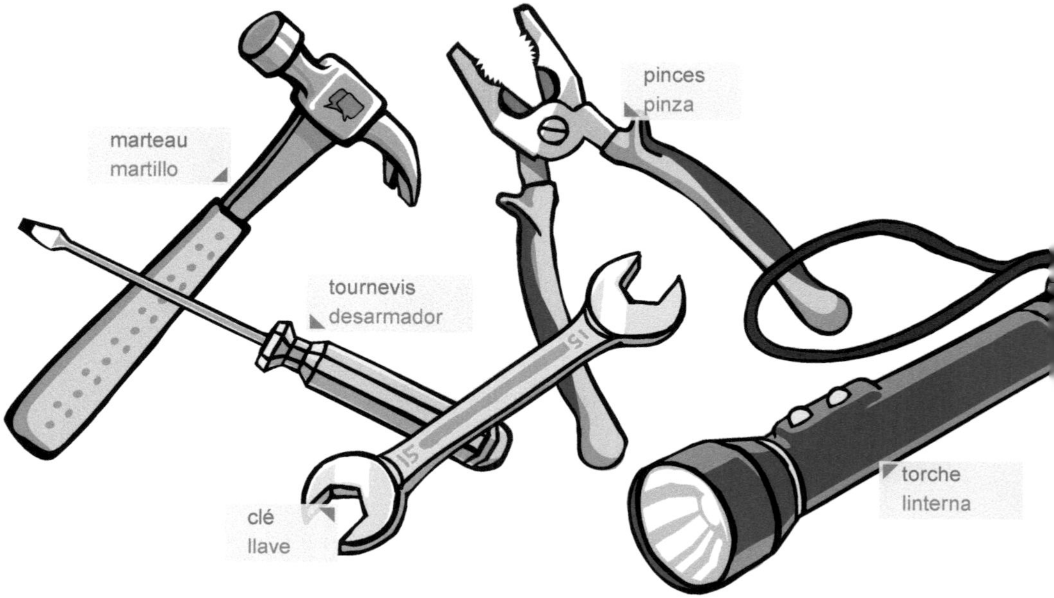
marteau
martillo
pinces
pinza
tournevis
desarmador
clé
llave
torche
linterna

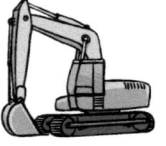

pelleteuse

excavadora

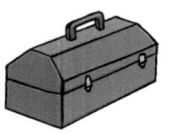

boîte à outils

caja de herramientas

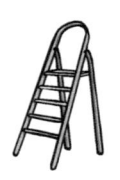

échelle

escalera de mano

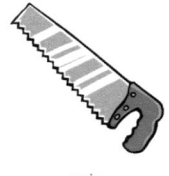

scie

sierra

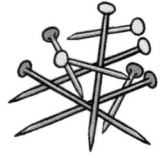

clous

clavos

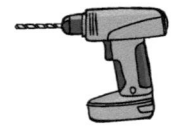

perceuse

taladro

réparer

reparar

pelle

pala

Mince !

¡Maldición!

pelle

recogedor

pot de peinture

bote de pintura

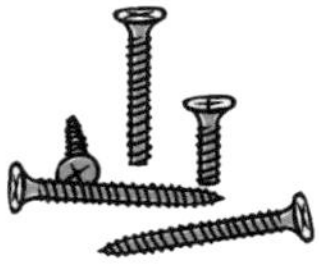

vis

tornillos

instruments de musique

instrumentos musicales

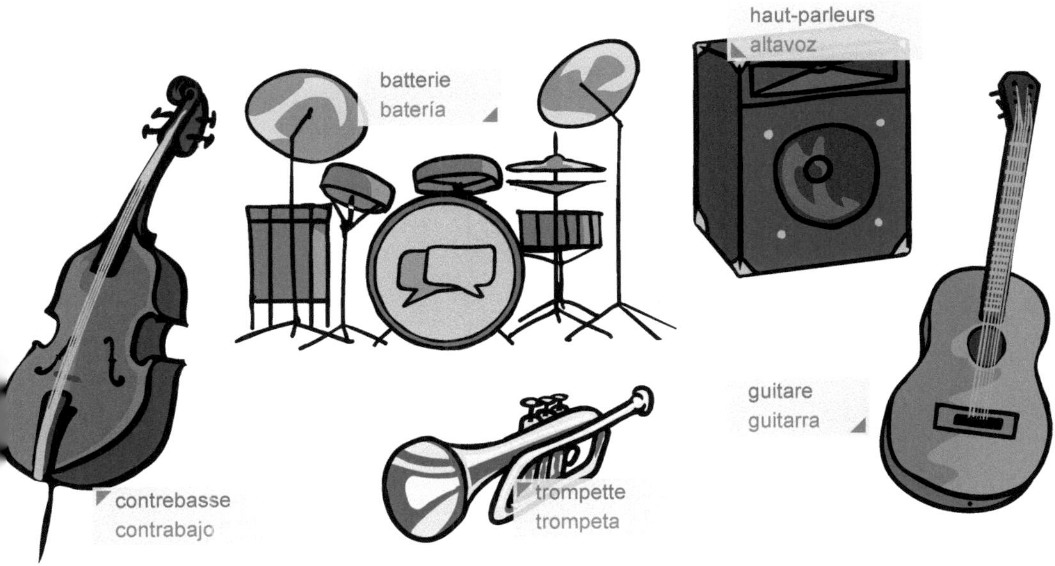

batterie
batería

haut-parleurs
altavoz

guitare
guitarra

contrebasse
contrabajo

trompette
trompeta

piano
piano

violon
violín

basse
bajo

timbales
timbales

tambour
tambor

piano électrique
teclado

saxophone
saxofón

flûte
flauta

microphone
micrófono

zoológico

tigre
tigre

entrée
entrada

cage
jaula

zèbre
cebra

alimentation animale
alimento para animales

panda
oso panda

animaux

animales

éléphant

elefante

kangourou

canguro

rhinocéros

rinoceronte

gorille

gorila

ours

oso

chameau

camello

autruche

avestruz

lion

león

singe

mono

flamand rose

flamenco

perroquet

loro

ours polaire

oso polar

pingouin

pingüino

requin

tiburón

paon

pavo real

serpent

serpiente

crocodile

cocodrilo

gardien de zoo

guardián de zoológico

phoque

foca

jaguar

jaguar

poney

poni

léopard

leopardo

hippopotame

hipopótamo

girafe

jirafa

aigle

águila

sanglier

jabalí

poisson

pescado

tortue

tortuga

morse

morsa

renard

zorro

gazelle

gacela

zoo - zoológico

american Football
fútbol americano

cyclisme
ciclismo

tennis
tenis

basket-ball
baloncesto

natation
natación

boxe
boxeo

hockey sur glace
hockey sobre hielo

football
fútbol

badminton
bádminton

athlétisme
atletismo

handball
handball

ski
esquí

polo
polo

activités
actividades

rire
reír
sauter
saltar
embrasser
abrazar
marcher
caminar
chanter
cantar
rêver
soñar
prier
rezar
faire la bise
besar

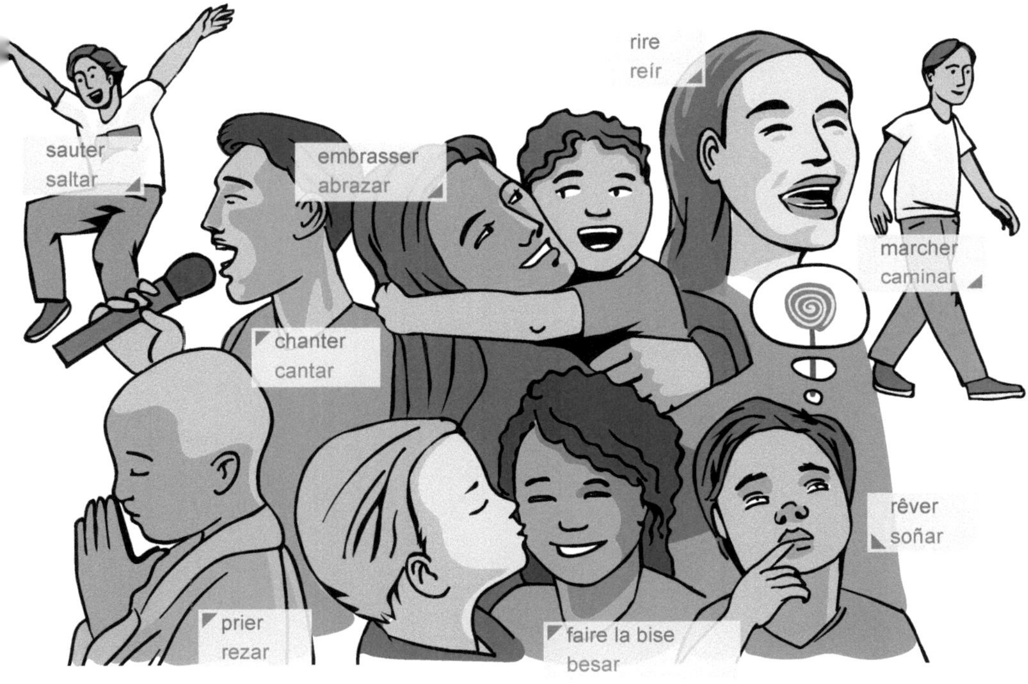

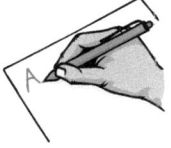

écrire
....
escribir

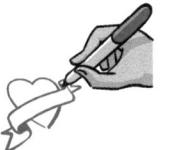

dessiner
....
dibujar

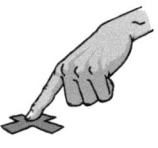

montrer
....
mostrar

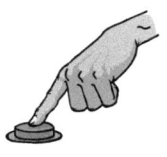

pousser
....
empujar

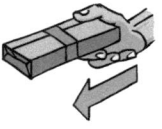

donner
....
dar

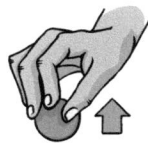

prendre
....
tomar

avoir

tener

faire

hacer

être

ser

être debout

estar parado

courir

correr

trier

jalar

jeter

arrojar

tomber

caer

être couché

estar acostado

attendre

esperar

porter

llevar

être assis

estar sentado

s'habiller

vestirse

dormir

dormir

se réveiller

despertar

regarder
mirar

pleurer
llorar

caresser
acariciar

peigner
peinar

parler
hablar

comprendre
entender

demander
preguntar

écouter
escuchar

boire
beber

manger
comer

ranger
ordenar

aimer
amar

cuire
cocinar

conduire
conducir

voler
volar

activités - actividades

faire de la voile

navegar

calculer

calcular

lire

leer

apprendre

aprender

travailler

trabajar

se marier

casarse

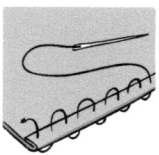

coudre

coser

brosser les dents

cepillarse los dientes

tuer

matar

fumer

fumar

envoyer

enviar

activités - actividades

grand-mère
abuela

grand-père
abuelo

père
padre

mère
madre

bébé
bebé

fille
hija

fils
hijo

hôte

invitado

tante

tía

oncle

tío

frère

hermano

sœur

hermana

corps
cuerpo

front
frente
œil
ojo
épaule
hombro
doigt
dedo
visage
cara
menton
barbilla
main
mano
jambe
pierna
poitrine
pecho
bras
brazo

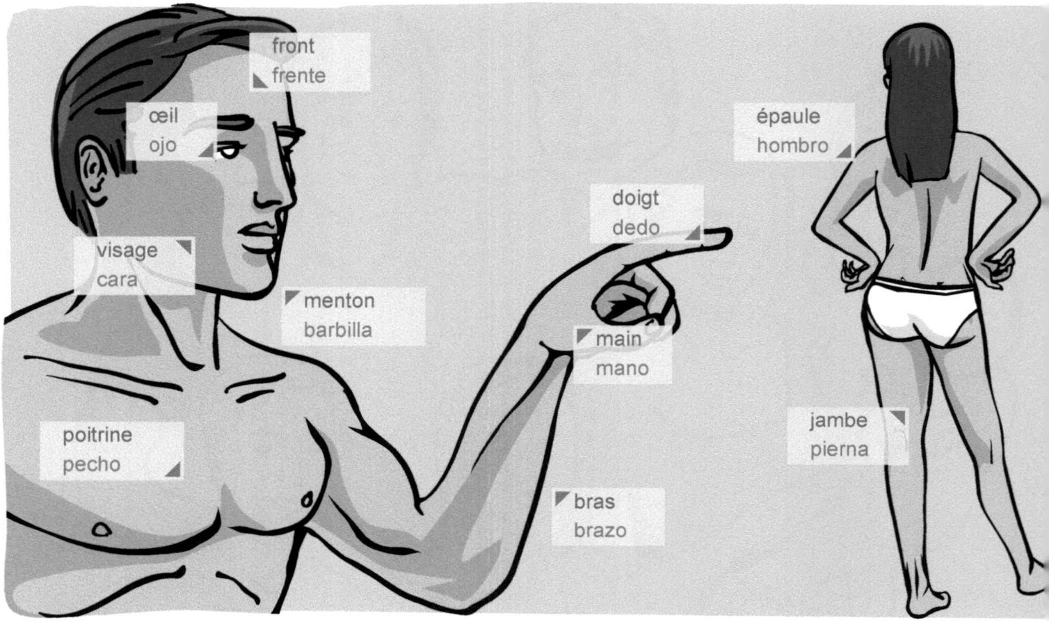

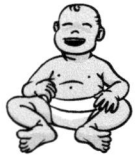

bébé
bebé

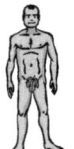

homme
hombre

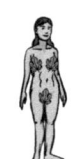

femme
mujer

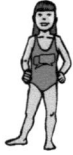

fille
niña

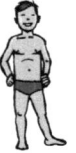

garçon
niño

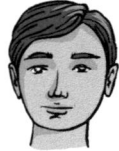

tête
cabeza

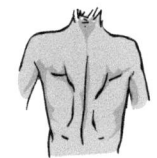

dos

espalda

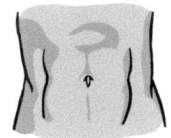

ventre

barriga

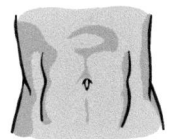

nombril

ombligo

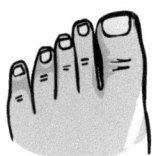

orteil

dedo dpie

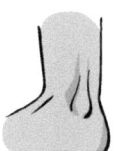

talon

talón

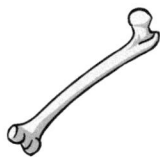

os

hueso

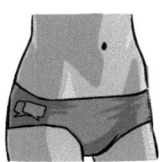

hanche

cadera

genou

rodilla

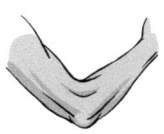

coude

codo

nez

nariz

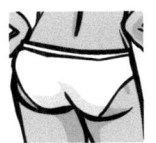

fesses

pompis

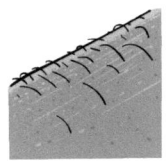

peau

piel

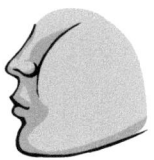

joue

mejilla

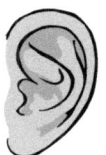

oreille

oído

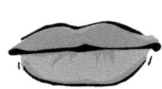

lèvre

labio

corps - cuerpo

bouche

boca

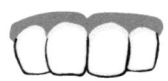

dent

diente

langue

lengua

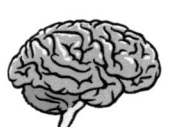

cerveau

cerebro

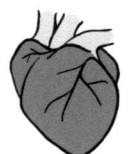

cœur

corazón

muscle

músculo

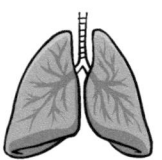

poumons

pulmón

foie

hígado

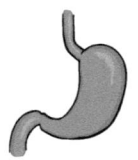

estomac

estómago

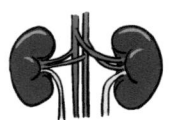

reins

riñones

rapport sexuel

sexo

préservatif

condón

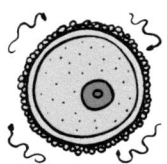

ovule

óvulo

sperme

semen

grossesse

embarazo

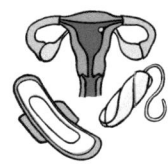

menstruation

menstruación

vagin

vagina

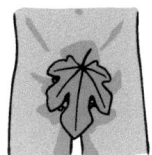

pénis

pene

sourcil

ceja

cheveux

cabello

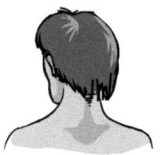

cou

cuello

hôpital
hospital

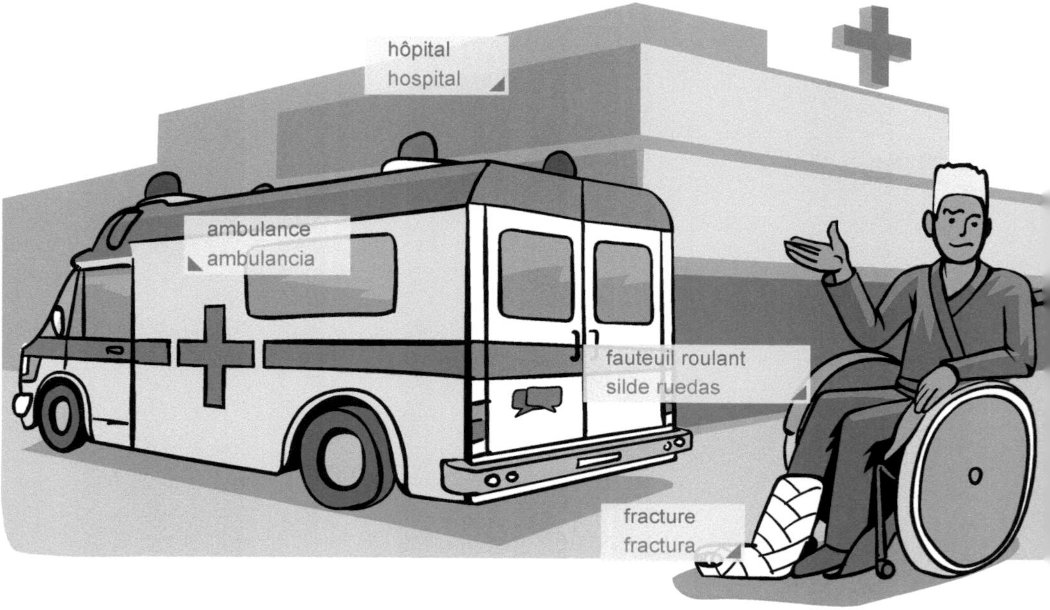

hôpital
hospital
ambulance
ambulancia
fauteuil roulant
silde ruedas
fracture
fractura

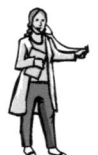

médecin

médico

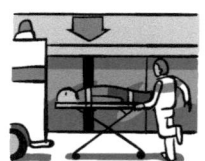

service des urgences

sade emergencias

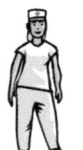

infirmière

enfermera

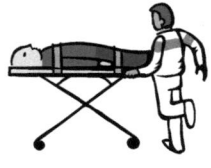

urgence

emergencia

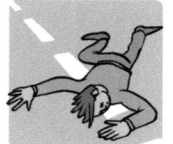

inconscient

inconsciente

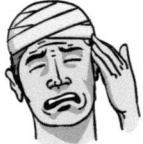

douleur

dolor

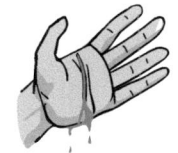

blessure

lesión

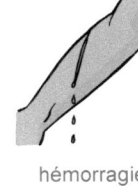

hémorragie

hemorragia

crise cardiaque

infarto

attaque cérébrale

accidente cerebrovascular

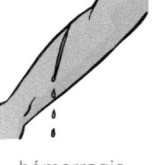

allergie

alergia

toux

tos

fièvre

fiebre

grippe

gripa

diarrhée

diarrea

mal de tête

dolor de cabeza

cancer

cáncer

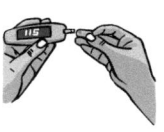

diabète

diabetes

chirurgien

cirujano

scalpel

bisturí

opération

operación

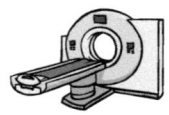

CT
TC

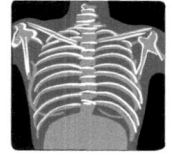

radiographie
rayos x

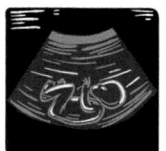

échographie
ultrasonido

masque
mascarilla

maladie
enfermedad

salle d'attente
sade espera

béquille
muleta

pansement
vendita

pansement
vendaje

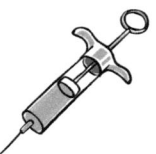

injection
inyección

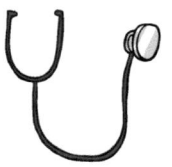

stéthoscope
estetoscopio

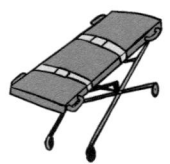

brancard
camilla

thermomètre
termómetro

accouchement
nacimiento

surcharge pondérale
sobrepeso

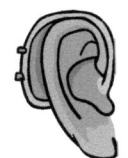

appareil auditif

audífono

désinfectant

desinfectante

infection

infección

virus

virus

VIH / sida

VIH / SIDA

médicament

medicina

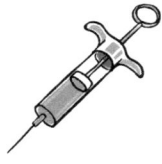

vaccination

vacunación

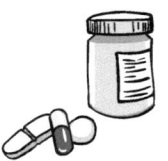

comprimés

tabletas

pilule

pastilanticonceptiva

appel d'urgence

llamada de emergencia

tensiomètre

medidor de presión

malade / sain

enfermo / sano

Au secours !

¡Socorro!

alarme

alarma

assaut

agresión

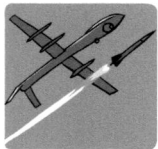

attaque

ataque

danger

peligro

sortie de secours

salida de emergencia

Au feu!

¡Fuego!

extincteur

extintor de incendios

accident

accidente

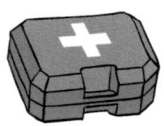

trousse de premier secours

botiquín de primeros auxilios

SOS

SOS

police

policía

Europe

Europa

Amérique du Nord

Norteamérica

Amérique du Sud

Sudamérica

Afrique

África

Asie

Asia

Australie

Australia

Océan atlantique

Atlántico

Océan pacifique

Pacífico

Océan indien

Océano Índico

Océan antarctique

Océano Antártico

Océan arctique

Océano Ártico

pôle nord

polo norte

pôle sud

polo sur

Antarctique

Antártida

terre

tierra

pays

tierra

mer

mar

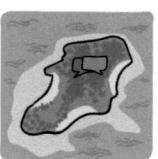

île

isla

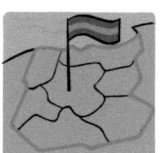

nation

nación

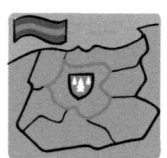

état

estado

cadran

esfera

aiguille des heures

manecilde las horas

aiguille des minutes

minutero

aiguille des secondes

segundero

Quelle heure est-il ?

¿Qué hora es?

jour

día

temps

hora

maintenant

ahora

montre digitale

reloj digital

minute

minuto

heure

hora

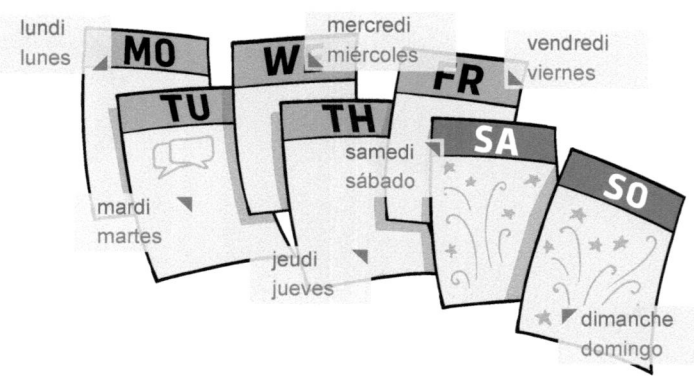

lundi
lunes

mercredi
miércoles

vendredi
viernes

mardi
martes

samedi
sábado

jeudi
jueves

dimanche
domingo

hier

ayer

aujourd'hui

hoy

demain

mañana

matin

mañana

midi

mediodía

soir

tarde

MO	TU	WE	TH	FR	SA	SU
1	2	3	4	5	6	7
8	9	10	11	12	13	14
15	16	17	18	19	20	21
22	23	24	25	26	27	28
29	30	31	1	2	3	4

jours ouvrables

días laborables

MO	TU	WE	TH	FR	SA	SU
1	2	3	4	5	6	7
8	9	10	11	12	13	14
15	16	17	18	19	20	21
22	23	24	25	26	27	28
29	30	31	1	2	3	4

week-end

fin de semana

année

año

arc-en-ciel
arco iris
pluie
lluvia
neige
nieve
vent
viento
printemps
primavera
automne
otoño
été
verano
hiver
invierno

4.APRIL 11°
5.APRIL 4°
6.APRIL 13°
7.APRIL 8°
8.APRIL 10°

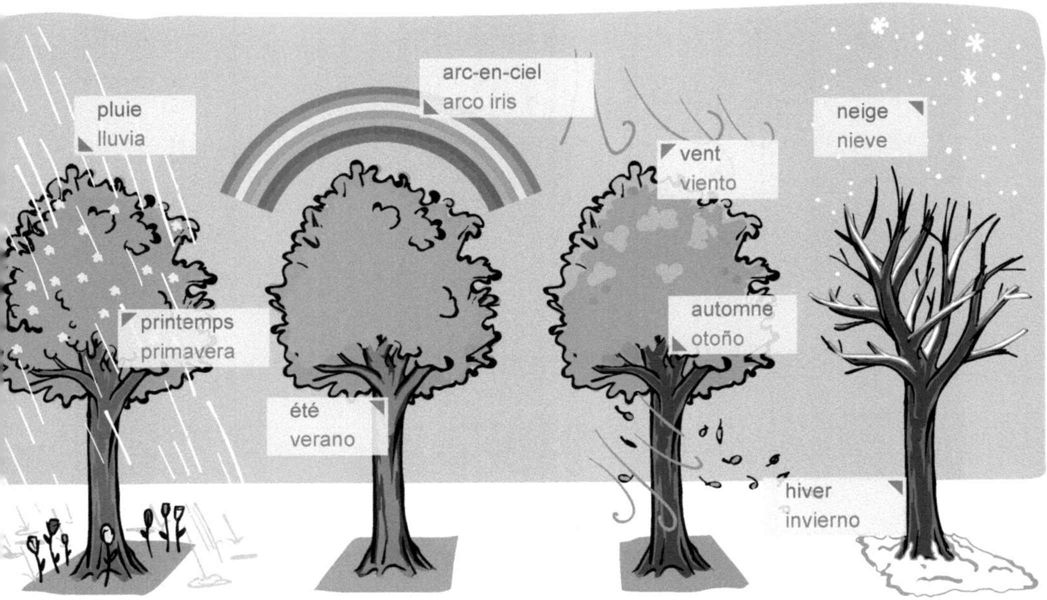

météo

pronóstico dtiempo

F C
120 40
90 30
60 20
30 10
0 0
-30 -10
-20

thermomètre

termómetro

lumière du soleil

sol

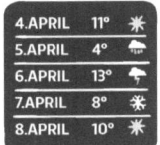

nuage

nube

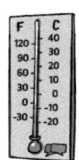

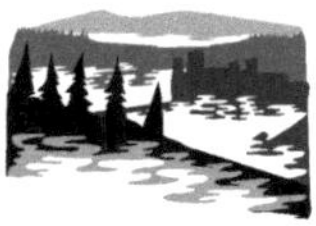

brouillard

niebla

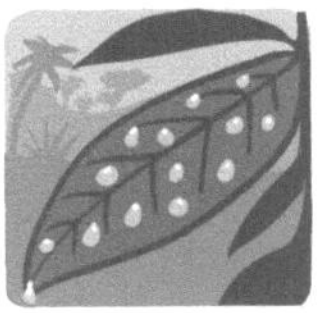

humidité

humedad

foudre
rayo

tonnerre
trueno

tempête
tormenta

grêle
granizo

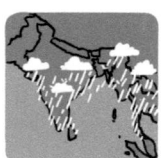

mousson
monzón

inondation
inundación

glace
hielo

janvier
enero

février
febrero

mars
marzo

avril
abril

mai
mayo

juin
junio

juillet
julio

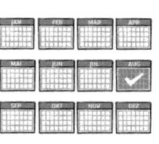

août
agosto

année - año

septembre
....
septiembre

octobre
....
octubre

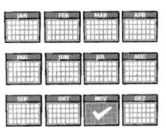

novembre
....
noviembre

décembre
....
diciembre

formes

formes

formas

cercle
....
círculo

carré
....
cuadrado

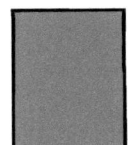

rectangle
....
rectángulo

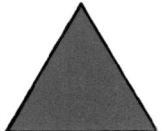

triangle
....
triángulo

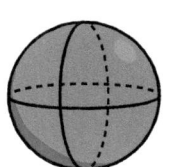

sphère
....
esfera

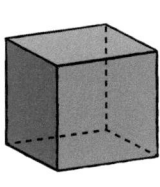

cube
....
cubo

couleurs

colores

blanc
....
blanco

jaune
....
amarillo

orange
....
naranja

rose
....
rosa

rouge
....
rojo

violet
....
morado

bleu
....
azul

vert
....
verde

marron
....
marrón

gris
....
gris

noir
....
negro

beaucoup / peu

mucho / poco

fâché / calme

enojado / tranquilo

joli / laid

bonito / feo

début / fin

principio / fin

grand / petit

grande / pequeño

clair / obscure

claro / oscuro

frère / soeur

hermano / hermana

propre / sale

limpio / sucio

complet / incomplet

completo / incompleto

jour / nuit

día / noche

mort / vivant

muerto / vivo

large / étroit

ancho / angosto

comestible / incomestible

comestible / no comestible

méchant / gentil

malo / amable

excité / ennuyé

entusiasmado / aburrido

gros / mince

gordo / delgado

premier / dernier

primero / último

ami / ennemi

amigo / enemigo

plein / vide

lleno / vacío

dur / souple

duro / blando

lourd / léger

pesado / ligero

faim / soif

hambre / sed

malade / sain

enfermo / sano

illégal / légal

ilegal / legal

intelligent / stupide

inteligente / tonto

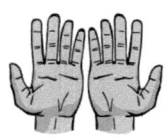

gauche / droite

izquierda / derecha

proche / loin

cerca / lejos

oppositions - opuestos

nouveau / usé

nuevo / usaco

rien / quelque chose

nada / algo

vieux / jeune

viejo / joven

marche / arrêt

encendido / apagado

ouvert / fermé

abierto / cerrado

faible / fort

silencioso / ruidoso

riche / pauvre

rico / pobre

correct / incorrect

correcto / incorrecto

rugueux / lisse

áspero / suave

triste / heureux

triste / contento

court / long

corto / largo

lent / rapide

lento / rápido

mouillé / sec

húmedo / seco

chaud / froid

caliente / frío

guerre / paix

guerra / paz

0

zéro
cero

1

un / une
uno

2

deux
dos

3

trois
tres

4

quatre
cuatro

5

cinq
cinco

6

six
seis

7

sept
siete

8

huit
ocho

9

neuf
nueve

10

dix
diez

11

onze
once

12

douze
doce

13

treize
trece

14

quatorze
catorce

15

quinze
quince

16

seize
dieciséis

17

dix-sept
diecisiete

18

dix-huit
dieciocho

19

dix-neuf
diecinueve

20

vingt
veinte

100

cent
cien

1.000

mille
mil

1.000.000

million
millón

anglais

inglés

anglais américain

inglés americano

chinois mandarin

chino mandarín

hindi

hindi

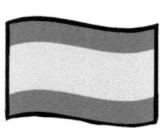

espagnol

español

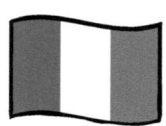

français

francés

arabe

árabe

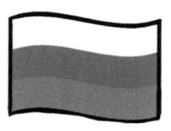

russe

ruso

portugais

portugués

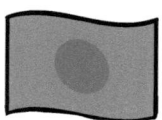

bengali

bengalí

allemand

alemán

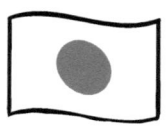

japonais

japonés

je

yo

tu

tú

il / elle / ce, c', cela

él / ella

nous

nosotros

vous

vosotros

ils / elles

ellos

Qui ?

¿quién?

Quoi ?

¿qué?

Comment ?

¿cómo?

Où ?

¿dónde?

Quand ?

¿cuándo?

nom

nombre

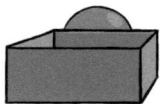

derrière

detrás

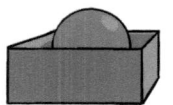

dans

en

devant

delante de

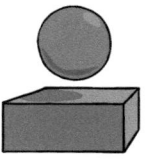

au-dessus

por encima de

sur

sobre

en-dessous

debajo de

à côté de

junto a

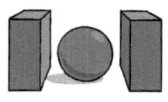

entre

entre

lieu

lugar